Ett livs historia

-Mobbing, misshandel, psykisk ohälsa, orimliga krav i samhället-

Ett livs historia

-Mobbing, misshandel, psykisk ohälsa, orimliga krav i samhället-

Johan Olsson

Förlag: BoD – Books on Demand, Stockholm, Sverige

Tryck: BoD – Books on Demand, Norderstedt, Tyskland

ISBN: 978-91-7851-091-7

Jag längtar, jag planerar, jag vill.

Det är allt för mig.

Allt jag vill i hela världen.

Jag tror att det kommer gå bra.

Jag är nästan säker på det.

Hela livet bygger jag upp på min dröm.

Hur länge ska det gå innan den blir verklighet?

Jag längtar och drömmer.

Nätterna är fulla av drömmar, en del
sköna, de inger mig hopp och tro.

En del drömmar plågar mig, de säger att
jag aldrig kommer att få som jag vill.

Jag är rädd.

Har jag byggt upp mitt liv, min tillvaro,
på en lögn jag skapat själv?

Hur ska jag få veta, vem kan berätta?

Varför vill ingen svara på mina frågor, de
pratar bort mig när jag vill veta?

En del människor säger att jag med
tillförsikt kan fortsätta hoppas och tro.

Andra säger att drömma kan jag alltid
göra.

Vissa säger att det aldrig kommer att bli
verklighet det jag vill och som känns så
viktigt för mig.

En del skrattar och säger till mig att jag
är dum i huvudet som hoppas, tror och
vill.

Svårt att lita på någon när alla säger
olika.

Vem talar sanning, vem har rätt?

Jag kämpar, tillvaron är tung.

Jag känner mig utnyttjad och illa
behandlad.

Jag kämpar och stressar och plågar mig
själv.

Allt för min dröm.

Jag springer i mörkret, allt känns
fruktansvärt och hopplöst.

Jag ser inget ljus.

Jag har ångest varje dag.

Kroppen värker och hjärnan kokar.

Jag kan inte sova.

Kroppen ömmar, hjärnan är på högvarv.

Jag gruvar mig inför morgondagen.

Så här är det nästan varje kväll.

Till sist somnar jag utan att kunna veta
när.

På morgonen börjar helvetet.

Måste upp så gräsligt tidigt.

Hur ska jag orka.

Varje dag likadan.

Stressar, har ont i magen, kan inte äta
frukost.

Duschar i panik inför oron att missa
bussen.

Springer till bussen och lider av den
skakiga och skumpiga resan. Fryser i
mörkret och kylan då jag väntar på nästa
buss.

Kommer fram till jobbet långt innan
arbetsdagen börjar, det går inte
lämpliga bussar som kommer i lagom
tid.

Står och hänger vid ett bord, dricker
omåttliga mängder cola-läsk, gruvar mig

inför arbetsuppgifterna och känner
ångest.

Rädslan finns hela tiden där inom mig.

Klarar jag inte av arbetet blir mitt liv
hopplöst, förstört och jag kommer aldrig
komma åter till en tillvaro som är okej.

Helvetet börjar, stressa, springa, lyfta
tungt, bli jättesmutsig, inte kunna vila
när jag måste.

Bara kämpa på.

Stressa, stressa, stressa.

Jag tål inte stress, blir illamående,
svettas, får ont i hela kroppen.

Ingen vill prata med mig.

Ingen förstår hur jag mår.

Ingen vill ta hänsyn.

Jag känner mig väldigt utnyttjad.

Jag får ingen lön.

Utan lön vill de att jag ska kämpa och ge
dem en bra inkomst.

Hur ska det gå, jag jobbar i panik och
förtvivlan.

Tidspress.

Panik.

Pressad springer jag fastän jag inte kan.

Fuskar med jobbet för att hinna.

Ibland får jag skäll, hela tiden kritik, hela
tiden under press.

Jobbar du inte bra får du aldrig en lön.

Jag trivs väldigt illa, mår dåligt, klarar
inte jobba nog bra, känner mig kraftigt
förnedrad, blir nekad det andra får göra.

Inget klarar jag av, misslyckas hela tiden,
känner mig värdelös.

Omgivningen förtalar mig, jag blir
utskämd, folk vill inte ha mig där på
jobbet.

Jag får varje fikarast höra hur äcklig,
värdelös jag är och att sådana som jag
inte borde få existera.

Jag har inte förtjänat det lidande jag har.

Jag är sjuk och mår inte bra.

Jag orkar inte jobba länge till.

Ibland får jag göra det jag vill, det som
känns roligt.

Jag får förverkliga mig själv på jobbet.

Men det är ofta ett smutsigt, tungt,
krävande helvete.

Eftersom jag är sjuk är det en djävulsk
press varje arbetsdag.

Jag klarar inte av arbetsuppgifterna.

Chefen är missnöjd.

Allt är svart och tungt.

Det känns som att det inte finns ett slut.

Visst finns ljusglimtar.

En arbetsledare som är trevlig och
inbjuder till samtal och gemenskap.

Vissa arbetskamrater är jättegulliga och
får mig att korta stunder trivas och må
väl.

Det är samhället, myndigheterna som
tvingar mig vara kvar på jobbet.

Jag kämpar livet ur mig varje dag.

Vet inget om vad som kommer ske
under dagen.

Vissa dagar extrem tidspress, måste
kämpa med arbetsuppgifter jag inte
orkar med.

Blir jättesmutsig, mår illa av det.

Får inte arbetskläder.

Glasögonen förstörs av arbetet.

15

Jag är rädd bli sjuk, få cancer av
kemikalier på arbetet, som jag tvingas
använda, andas in, få på min hud.

Jag är allergisk, har alltid haft eksem och
känsliga luftrör.

Så kommer slutet.

Jag orkar inte längre.

Vägrar utföra arbetsuppgifterna.

Myndigheterna får göra vad de vill mot
mig.

Nu är det nog.

Jag sätter ner foten och säger att jag är
missnöjd, vill ha andra arbetsuppgifter.

Pressar cheferna.

Äntligen säger företaget att jag inte är
välkommen dit mer.

Hurra!

Mitt helvete är slut.

Äntligen finns en liten ljusning.

Som en siare ber jag om ett nytt arbete,
på ett företag jag alltid velat arbeta på.

Arbetsuppgifterna finns, de vill anställa
mig.

Glädje!

Arbetet är skitigt och tungt, på det viset
ett helvete.

Nu får jag göra det jag är utbildad för.

Göra viktiga, trevliga och roliga
arbetsuppgifter emellanåt.

Men stressen är för hög även här.

Jag kämpar livet ur mig ibland.

Springer här också fastän jag inte orkar.

Myndigheterna har släppt mig ur deras
händer.

Nu måste jag klara allt själv.

Så blev jag sjuk igen.

Väldigt sjuk.

Blir sjukskriven.

Allt känns jobbigt.

Ändå härligt slippa lidandet och stressen
på arbetet.

Av drömmarna blev ingenting.

De negativa människorna hade helt rätt.

Jag levde i en falsk djävulskt jobbig
förväntan på att äntligen få förverkliga
min dröm.

Jag levde i en lögn.

Kämpade vidare.

Nu måste jag ha en annan dröm leva för.

Hur ska det gå?

Vem kommer hjälpa mig?

Åter i myndigheternas händer.

Press, inte länge kvar innan jag är ställd
utan pengar att betala hyran med.

Snart behövde jag söka kommunens
socialhjälp om jag inte kunde arbeta
igen.

Ekonomin är svår.

Jag har flyttat för att komma ifrån
skammen, förnedringen och alla som
vet att jag inte fick förverkliga min
dröm.

Jag har blivit utskrattad och hånad.

Ingen tycker att jag är klok nu.

Jag hamnar i ett helvete.

Återfall i riktigt dåligt mående.

Panik hela dagarna.

Sover inte på nätterna.

Hemmet känns inte tryggt.

Jag är rädd hela dagarna.

Jag är ofta arg, känner att jag är illa
bemött av andra människor.

Jag längtar tillbaka till dit där jag bodde
förut.

Jag ångrar att jag flyttade.

Pengarna tog slut vid flytten.

Jag har inget arbete.

Ingen vill att jag ska arbeta igen.

Myndigheterna kräver dels att jag ska
jobba men samtidigt hotar dem med att
ta ifrån mig all inkomst, nästan den
enda trygghet jag har i mitt liv.

Myndigheterna som ska hjälpa mig hitta
arbete säger att jag inte kommer kunna
arbeta så de tänker inte hjälpa mig
komma åter i arbete.

Jag vet att jag inte kommer kunna
arbeta igen.

Jag är för sjuk, orkar inget arbete, klarar
inte av att passa tider varje dag, orkar
inte med stressen att någon bestämmer
över mig och att hela tiden ha någon
som övervakar mig och bedömer det jag
gör.

Det jag är intresserad av får jag inte
arbeta med.

Det jag är utbildad till och i många år
verkligen kämpat för att bli fick jag bara
arbeta med i ett par år.

Det jag drömmer om att göra blev inget
av, aldrig mer.

Drömmen jag satsade alla mina pengar
på, satsade precis alla mina tillgångar på
blev början till ett outgrundligt helvete
för mig.

Jag är skadad för hela återstoden av mitt
liv för att jag försökte förverkliga min
dröm.

Känns trist.

Fortfarande sjuk.

Sämre ibland.

Vill få möjlighet arbeta men klarar inte
av att arbeta på grund av sjukdom.

Några timmar då och då klarar jag av
men jag klarar inte av att jobba 25
procent arbetstid, speciellt inte varje
vecka.

Jag vill starta eget företag och driva det
genom en arbetsinsats på 5 timmar
varje vecka.

Tänk att få vara sin egen chef,
bestämma över vad jag vill göra själv.

Att få välja vad arbetsdagen ska
innehålla, vad verksamheten ska bestå
av och hur arbetet ska läggas upp.

En dröm jag trots allt längtar efter att
kunna förverkliga är att starta ett litet
café, men jag orkar inte än, kanske
aldrig mer.

En annan dröm är att driva en
postorderfirma, att ha en butik på en
internetsida och hantera beställningar,
redovisning och fakturor och packa

produkterna folk beställer i kartonger
och skicka med posten.

Postorderfirman skulle jag klara av att
sköta om med en arbetsinsats på några
timmar per vecka om jag inte behövde
försörja mig på den.

En butik på internet som
hobbyverksamhet vore väldigt nyttigt
för mig att syssla med.

Att ha den som nöje några timmar per
vecka.

Chansen att postorderverksamheten
skulle kunna gå med vinst är liten men
som hobby skulle det fungera för mig att
driva den.

Myndigheterna är ett problem i detta
fall.

Antingen måste jag arbetsträna eller
klara min försörjning på en deltids
sjukersättning.

Eller så måste jag försöka hitta ett
arbete att försörja mig med på deltid.

Reglerna myndigheterna har är svåra
och hårda.

Myndigheterna vill att alla ska arbeta.

Många kan inte arbeta.

Jag kan inte arbeta.

Jag har försökt.

Jag har kämpat och knäckt mig totalt
både i kropp och själ upprepade gånger
för att jag försökt arbeta.

Jag önskar jag kommer att kunna
förverkliga någon av mina
arbetsdrömmar någon gång.

Ska jag sluta drömma eller fortsätta
planera och fantisera?

Bör jag lära mig av tidigare
misslyckanden, motgångar och av att de
som avrådde mig fick rätt?

Bör jag vara rädd för myndigheterna?

Ska jag avstå från det jag klarar av och orkar med för att jag kan bli av med min ekonomiska trygghet, hela sjukersättningen?

Jag önskar samhället var annorlunda.

Jag är annorlunda.

Jag fungerar inte som de flesta gör.

En del drömmar har jag förverkligat.

Som liten drömde jag om att åka nattåget till Norge, att vandra på Kungsleden och att se utsikten från järnvägssträckan Malmbanan i norra Lappland.

Det har blivit verklighet.

Jag drömde också om att åka upp högst
upp i Eiffeltornet i Paris.

Lekte ofta med en liten souvenir min
moster gav mig efter det att hon varit
dit med sin partner och några av deras
vänner. Det har blivit verklighet för mig
också.

Jag ville bo mitt i min hemstad i ett visst
hus och det lyckades jag åstadkomma.

Jag ville flytta söderut till
Stockholmstrakten och det gjorde jag
möjligt helt på egen hand.

Jag drömde som liten om att åka
Business Class med flygplan till andra

länder. Det har jag nu gjort massor med
gånger.

Jag drömde om att bli frekvent
flygpassagerare.

Jag har nu flugit mer än 400 gånger och
jag är bara i medelåldern.

Jag drömde om att få bo i en viss
lägenhet i ett visst område jag besökte
som barn i Stockholmstrakten.

Nu bor jag där i det där huset jag såg
som barn när jag hjälpte min moster
städa byggbaracker.

Jag drömde om att ha diskmaskin och
tvättmaskin.

Det förverkligade jag och det har jag nu.

Jag har förverkligat många av mina drömmar.

Men de största drömmarna blev inte verkliga för mig. De kommer aldrig gå att förverkliga.

Jag har rest väldigt mycket.

London i Storbritannien har jag varit i mer än 40 olika gånger.

Jag har besökt Paris mer än 10 gånger.

Jag har rest från Stockholm till Rom utan övernattning och ändå hunnit se flera sevärdheter trots att jag bara hade

några timmars vistelse inne i centrala
Rom.

Jag har drömt i många år om att besöka
Kanarieöarna och nu har jag på egen
hand rest dit till olika öar sammanlagt
nästan 10 olika resor.

Jag har badat i Atlantens vågor.

Jag har ätit gott och bott på hotell ofta.

Jag har skämt bort mig och levt lyxliv.

Jag har rest med flyg nästan varje vecka
i flera års tid.

Jag har varit väldigt frekvent tågresenär,
i perioder rest med tåg mellan

Stockholm och Göteborg varje dag,
ibland 2 tur och retur på samma dag.

Älskar resa, åka flyg, tåg och båtar.

Åkt till Berlin över dagen och gått på
intressanta muséer.

Sett många fina sevärdheter i hela
Europa.

Jag har sett Triumfbågen, Eiffeltornet,
muséet Louvren i Paris.

Jag har shoppat i den norska staden
Narvik efter att ha åkt nattåget jag
drömde om att få åka. Reste tillbaka till
Stockholm utan övernattning annat än
de 2 nätterna ombord på tågen.

Jag har sett enastående
häpnadsväckande vyer som inte alla får
se under deras livstid.

Jag har sett Akropolis, Parthenon, den
Grekiska landsbygden, levt vardagsliv
där i Grekland många gånger.

Jag har besökt många av Europas mest
kända sevärdheter.

Jag har rest ofantligt mycket.

Trots att det inte varit nödvändigt.

Trots min dåliga hälsa.

Trots att jag inte klarar av att jobba.

Men det är en enorm lyx jag unnat mig.
Syndigt! Onödigt! Men jag ångrar det
inte.

Enorma privata kostnader.

Jag har försakat mycket i vardagen som
andra människor unnar sig.

Fortsätter att leva snålt hemma och äter
billigt men ändå näringsrikt.

Jag fullgör mina skyldigheter, betalar
mina räkningar och sköter
hyresbetalningarna prickfritt.

Men ibland känns livet tungt och jag kan
ändå ibland ångra att jag har slösat och
levt lyxigt nästan utan hämningar i
många år.

En del resor har känts värdelösa.

Jag har haft en fruktansvärd uppväxt.

Jag har som tur är föräldrar som jag
tycker är världens bästa föräldrar.

Jag har en mycket bra kontakt med mina
föräldrar som jag älskar mer än allt
annat i världen.

De har verkligen tagit hand om mig och
mina föräldrar har hjälpt mig genom
extremt svåra perioder och hemska
händelser jag utsatts för.

Redan i förskolan var jag svårt mobbad
och utanför gemenskapen.

Första dagen i förskolan spottade de
andra eleverna mig i ansiktet.

De sa att de skulle plåga mig och mobba
mig allt vad de kunde, jag skulle få lida.

Och så blev det i 10 års tid av skolplikt,
jag hade inget annat val än att gå kvar i
den klassen och lida helvetiska kval varje
dag i 10 år.

Jag var den enda i klassen som blev så
mobbad, jag tror inte någon i den skola
jag gick i blev så misshandlad,
trakasserad, förnedrad och utanför som
jag var.

Jag utstod många fall av svåra övergrepp
från andra barn och ungdomar.

Det var inte bara verbal misshandel och utfrysning.

Jag blev slagen, sparkad, knuffad, har ärr och skador fortfarande av dessa fysiska övergrepp de andra i skolan utsatte mig för.

Jag fruktade hela skoltiden för mitt liv och min hälsa.

Jag hade inga förhoppningar om bättring.

Jag förstod hela tiden att mitt liv var förstört.

Att jag inte skulle ha en dräglig framtid.

Jag fick skulden för allt jag utstod.

Skola och myndigheter skyllde allt på
mig och ingen hjälp fick jag.

Jag vågade inte berätta för mina
föräldrar om mobbingen jag utsattes för
i skolan.

Jag bad ofta lärarna vi hade om hjälp.

Jag sa till lärarna varje gång jag blev
misshandlad fysiskt.

Lärarna sa till de elever som misshandlat
mig men de fick gå kvar i skolan som att
inget hade hänt.

Jag erbjöds inget stöd från myndigheterna och jag fick inte byta skola eller klass.

Klassen jag gick i var en av de värsta i hela skolan enligt lärarna.

Många elever var stökiga, hierarkin var enormt stark.

Nästan alla andra i klassen älskade idrott och sport.

Det gjorde inte jag.

Jag var inte alls intresserad av sport.

Jag var sämst av alla i klassen på idrottslektionerna i skolan.

Alla tjejer i klassen var bättre än jag på
både idrott, gymnastik och lagsporter.

På idrottslektionerna i skolan hade vi
ofta simning och vattenlekar på
schemat.

Ibland försökte andra elever dränka mig.

Eller i alla fall upplevde jag det så.

De höll fast mig under vattnet och de
hindrade mig från att komma upp till
ytan.

Jag hade inga vänner under min
uppväxt.

Under några få år i lågstadiet hade jag
några lekkompisar men redan i andra
klass förlorade jag kontakten med de
kompisar jag haft. Jag var nästan helt
ensam.

Ofta skolkade jag.

Jag var hemma sjuk flera tillfällen varje
månad.

Jag blev lycklig varje gång jag fick
magsjuka eller influensa.

Hurra! Jag får vara hemma från skolan
och kräkas istället.

Så kändes det.

Det bästa som hände mig under min
skoltid var när jag fick svår kikhosta.

Jag var då hemma från skolan en
månads tid i en följd.

Jag var rädd under hela min uppväxt.

Rädd för andra barn och i tonåren var
jag livrädd för äldre ungdomar.

Den fysiska misshandeln av mig
fortsatte regelbundet.

De verbala påhoppen blev bara värre
och värre.

Jag hotades till livet av andra ungdomar
som visade kniv mot mig.

En klasskamrat höll sin kniv mot min
hals och sa att han skulle döda mig,
skära halsen av mig.

Även ytterligare en annan elev som
brukade vara stökig hotade mig genom
att visa en kniv för mig och han hotade
skära halsen av mig.

Några tjejer mobbade mig både psykiskt
genom verbala kränkningar och genom
att de misshandlade mig medan de höll
fast mig.

Jag kände mig i verkligheten förföljd,
trakasserad, misshandlad och utfryst.
Vilket jag ju faktiskt var också.

Det var jag men inte många tror på mig.

Men de som var med i skolan vet allt.

Men de ljuger, hemlighåller och berättar
inte för någon annan än de som redan
vet.

Som var med då allt hände.

I skolan.

Där alla elever ska kunna känna sig
trygga och koncentrera sig på studierna.

Jag började inte gymnasiet utan fick
hoppa över ett år frivilligt men ändå
ofrivilligt.

Jag ville ju bli något, få ett yrke, hitta
jobb så småningom.

Jag längtade efter att hitta partner och bilda familj, få barn.

Allt kraschade istället ihop för mig. Jag pallade inte nollningen i gymnasiet.

Första försöket att börja gymnasiet var jag bara med på uppropet.

Därefter gick jag inte dit.

Jag var tvungen att gå i terapi och äta mediciner.

Jag blev jättesjuk.

Året efter jag gick ut nionde klass i högstadiet blev ett helvete både för mig och mina föräldrar.

Jag klarade inte av att leva utan starka
mediciner, däribland starka
antidepressiva läkemedel.

Jag led av sviterna efter mobbingen.

Läkarna hävdade att mobbingen jag
utsatts för under hela min uppväxt nog
utlöst min psykiska ohälsa som skulle
plåga mig under hela mitt liv.

I alla fall fram tills nu, men troligen
kommer jag få lida av sjukdom även
fortsättningsvis under hela återstoden
av mitt liv.

Efter ett år i helvetet provade jag börja
studera på gymnasiet igen.

Men efter att mina individuella idrottslektioner drogs in tvingades jag delta i gemensam grupp.

Då tappade jag tilltron till skolväsendet igen.

De hade ju lovat mig att få ha individuella idrottslektioner, att inte behöva delta i den vanliga idrottsundervisningen.

Jag vägrade då vara med på idrottslektionerna.

I samband med detta pågick otrevlig så kallad nollning i skolan. Elever fick utstå kränkningar mer eller mindre frivilligt.

En del elever tejpades fast av andra
elever.

Elever blev fasttejpade vid flaggstänger.
Andra elever bands fast till händer och
fötter med packtejp.

Många elever fick under fysiskt tvång
sina huvuden doppade i skolans
toalettstolar.

När en grupp äldre elever, några killar,
tvingade mig med våld och fasthållning
mot en skoltoalett sa jag ifrån och tog
mig fri ur deras hårda grepp.

Jag blev direkt avstängd från skolan
trots att jag inte gjort något olagligt.

De som försökte doppa mitt huvud i en
skitig toalett under en skoldag fick stöd
av skolpersonalen och de fick fortsätta
studierna där på gymnasieskolan.

Då fick jag för första gången hjälp av
någon vuxen som inte var min släkt eller
familj.

En studiekonsulent ordnade mig en
praktikplats på en frikyrkas kansli.

Där stormtrivdes jag för det mesta.

Efter drygt ett halvår kunde jag börja på
vuxenskola, en underbar folkhögskola
men underbara lärare och bra
studerande.

Jag hamnade i en klass som tog hand om mig, jag var yngst i klassen för de flesta som studerade där på folkhögskolan var i medelåldern.

Studiekonsulenten ordnade så jag fick äta gratis på restaurangen som fanns på folkhögskolan.

Fantastisk rejäl och samtidigt mycket nyttig mat fick jag gratis varje lunch i 2 år, under hela min tid på folkhögskolan.

På folkhögskolan fick jag hjälp att söka plats på universitetsutbildning.

Jag fick ganska bra poäng på högskoleprovet och antogs till en civilekonomutbildning på min hemmaort.

Jag hamnade i en underbar klass på en handelshögskola som verkligen var bra.

Jag bodde hemma hos mina föräldrar under mina tre år på universitetet och klarade tillvaron utan studieskulder.

Jag hade jobbigt med socialt umgänge i början av universitetsstudierna.

Många i klassen hade högtflygande planer och ville få högsta betyg i alla tentor och studiearbeten.

Jag har på grund av mobbingen i skolan svårt lita på andra människor och eftersom ingen ville leka med mig eller prata med mig under nästan hela lågstadiet och mellanstadiet förlorade jag min sociala träning och utvecklades sämre än de andra barnen.

I högstadiet satte misshandeln, de
verbala angreppen och dödshoten jag
fick riktade mot mig sina svåra spår i
mitt psyke.

Men jag fick vara med i olika
studiegrupper på universitetet.

Jag minns speciellt en ung kvinna som
tog hand om mig och bjöd in mig till
fester och sammankomster.

Hon ordnade så jag fick vara med i deras
studiegrupp även utom de lärarledda
lektionerna.

Jag fick så småningom ganska bra
kontakt med några andra killar på
universitetet och som jag pluggade ihop
med.

Jag fick godkänt på alla kurser och fick högsta betyg i en kurs.

Efter 3 år tog jag examen från universitetet.

Jag började efter det en lång kamp för att hitta ett arbete.

Det var inte lätt trots bra hjälp och tålamod från arbetsförmedlarna på arbetsförmedlingen.

Till sist fick jag börja en praktikplats på en förening som jobbade med att få in unga människor i arbetslivet.

Jag fick verkligen göra nästan alla uppgifter som finns på en ekonomiavdelning.

Jag fick vara med och räkna
hundratusentals kronor i inträden på
samma kväll då föreningen anordnade
uppträdanden av kända artister på stan.

Jag fick gå med pengar till banken.

Jag fick bokföra fakturor, upprätta
fakturor, göra löneredovisningar,
upprätta bokslut och göra
kassaredovisningar.

Detta gjorde att jag kunde få praktik på
en riktig bokföringsavdelning där jag fick
fortsätta utvecklas och så småningom
fick jag en anställning där som pågick en
lite längre tid.

Därefter ville jag förverkliga dessa stora
drömmar jag hade vilket blev ett
helvetiskt lidande och misslyckande och

jag fick återfall i svåra psykiska problem
och en lång jobbig väg tillbaka till
arbetslivet började.

Jag hade tur.

En enormt underbar och trevlig
restaurangchef erbjöd mig en längre
praktik på hennes fina mycket
välbesökta restaurang.

Jag fick baka bröd, göra kakor, grilla
varma smörgåsar, göra iordning
hundratals färska smörgåsar varje dag,
jag fick hjälpa till att göra sallader till
lunchbuffén de serverade varje dag där.

Jag fick också göra varmrätterna till
lunchbuffén vissa dagar.

Jag torkade bord och diskade, gick bort
med sopor och tog emot
varuleveranser.

Det enda jag inte fick göra var att stå i
kassan.

Därefter började de hemska arbetena
på andra ställen.

Praktiken som var både rolig men också
ett slitsamt, stressigt och för mig ett
mycket nedbrytande arbete.

Därefter fick jag ett annat arbete som
både var roligt men också av och till
mycket tungt och stressigt.

Efter en tid kraschade jag ihop och blev
sjukskriven.

Då fick jag gå samma kurs i mindfulness
4 gånger.

Därefter prövade jag att arbeta några
olika korta perioder men det fungerade
inte alls och jag blev dålig igen varje
gång.

Då flyttade jag till Stockholmsområdet
och fick sjukersättning beviljad där efter
2 års kamp och många utredningar och
möten.

Därefter följde jobbiga perioder igen.

Medicinändringar varje år, prova andra
läkemedel, kämpa, grubbla, vara
deprimerad, känna stark ångest, inte
trivas med tillvaron.

Jag reste väldigt mycket dessa år för att
orka leva. Resorna gjorde min tillvaro
meningsfull.

Resorna gjorde att jag hade något att se
fram emot.

Resorna gav mig bättre självkänsla.

Resorna gjorde att jag kände att jag
hade ett värde i samhället. Att jag kunde
förverkliga mig själv och göra verklighet
av många av mina drömmar.

Resorna var också jobbiga ibland.

Jag kämpade hårt på många resor, de
flesta utan att övernatta på resmålet.
Försäkringskassan krävde nämligen att

jag bara fick vara borta utomlands
maximalt 24 timmar åt gången.

Ibland kunde jag inte sova natten innan
jag åkte iväg till flygplatsen, jag åkte
första morgonflyget och var borta på
resa i 18 timmar i följd.

På resmålet hade jag 3 till 5 timmar i
stadens centrum.

Jag gick på muséer, promenerade flera
mil långt runt städerna på vissa resor de
dagar det var bra väder där vill säga.

Jag åt billigt på många resor,
hamburgare och billig asiatisk
snabbmat.

Många andra resor lyxade jag till det och
unnade mig att flyga i Business Class
med stora reguljära flygbolag.

Ombord på flygplanen serverades fyra
rätters meny med val av flera
varmrätter och den serverades separat.

All mat ombord serverades på porslin,
linneservetter, metallbestick, våtvarma
handdukar och drycken serverades i
riktiga glas inte plastglas.

Ibland åt jag grillad oxfilé och pommes
frites på resmålet.

Jag drack ofta själv Afternoon Tea för
två på mitt favoritställe i London.

Jag handlade ibland kläder och böcker
utomlands.

Jag förverkligade mig själv, uppnådde
många mål och förverkligade
resedrömmar jag haft hela livet.

Ensamheten har däremot varit svår att
uthärda för mig både borta och hemma.

Mobbingen jag utsattes för i skolåren
knäckte mig psykiskt och jag utvecklades
inte normalt i den sociala förmågan på
det sätt man ska göra i ungdomen.

Jag har på grund av sjukdom och
utanförskap aldrig hittat en riktig vän.

Jag har haft några ytliga förhållanden på
det sexuella planet och ett kort lite mer
seriöst förhållande.

Jag har haft ytliga vänskapliga relationer
under senare delen av mitt liv.

Men jag har inte lyckats hitta kärleken.

Nu känner jag mig nästan isolerad
hemma förutom att jag ju ändå tar mig
ut på nästan dagliga långpromenader
och åker iväg på resor ibland.

Just nu är mina föräldrar 80 mil bort
från mitt nuvarande hem och de är allt
jag har då det gäller mänskligt umgänge,
kärlek och omtanke.

Jag försöker att tänka positivt.

Jag har en fin bostad som jag känner är mitt riktiga hem. Helt totalrenoverad efter att jag flyttade in, mycket lummigt lugnt område nära både natur och storstad. Nära stationen för de billiga direkttågen in till huvudstaden Stockholm.

Jag har en inkomst genom sjukersättningen jag får från staten. Jag har god mat att laga till och äta varje dag.

Jag har det bra materiellt, inget fattas mig när det gäller bekvämligheter hemma.

Jag har möjlighet resa ibland fortfarande, både inrikes och utrikes.

Jag har nu inlett mitt författande.

Jag har gett ut flera böcker i
bokhandeln.

Jag bor nära storstan jag alltid velat bo
nära eller helst bo i.

Men mycket fattas mig tycker jag själv.

Det viktigaste för mig är att hitta
människor umgås med.

Jag behöver hitta någon riktig vän att
träffa och ha trevligt ihop med.

Helst skulle jag vilja hitta flera vänner.

Jag tycker det är viktigt att hitta
meningsfullhet i vardagen.

Jag vill ha meningsfull sysselsättning.

Jag vill få använda mina förmågor.

Jag vill få utöva mina intressen.

Jag vill genom sysselsättning få
förverkliga mig själv så långt det är
möjligt.

Men det viktigaste är att orka och få
möjlighet till att vara med i sociala
aktiviteter med andra människor.

Behöver inte vara människor i samma
situation som jag själv är i.

Jag har flera projekt på gång.

Jag har börjat måla för en tid sedan,
tavlor och teckningar.

Jag köpte en digitalkamera för ett par år
sedan som jag fotograferar naturmotiv
och stadsmotiv med.

Jag har sytt en del på min symaskin
ibland.

Jag älskar att vara i köket och baka och
laga god mat. Det har jag alltid älskat
göra.

Jag gör egna recept, mixtrar med
ingredienser och råvaror i köket och
skapar egna goda anrättningar.

Jag älskar att bjuda andra på mat men
jag har sällan haft det nöjet eftersom jag

saknar vänner och inte har min familj
inom nära räckhåll.

Jag har börjat se långfilmer ofta igen.
Det är mysigt och njutningsfullt.

Jag gillar skriva texter och formge olika
trycksaker i datorn. Jag är konstnärlig
tycker jag själv.

Jag har skaffat kreativa dataspel och jag
har köpt en gitarr att lära mig spela på.

Jag har också köpt ett elektroniskt piano
för att kunna återuppta mitt
pianospelande jag höll på med som
barn.

Min framtid är oviss men jag hoppas få
det bättre socialt än jag har det nu.

Jag hoppas kunna förverkliga fler av
mina drömmar och uppnå bättre
självkänsla på olika sätt.

Jag känner ofta att jag är utanför
samhällets gemenskap. Ibland känns det
som att ingen tycker om mig och att
många hatar mig.

Ibland känns det som att andra
människor föraktar mig på grund av min
sjukdom och min avvikande sexuella
läggning.

Det kan ibland kännas som att en del
folk omkring mig spottar efter mig då
jag går ut och går där jag bor.

Jag vet att detta är en känsla jag får och
att det inte är så det är.

Alla människor kan få sådana här konstiga känslor.

Man behöver inte vara psykiskt sjuk för att känna att man är illa omtyckt, hatad, utsatt för utfrysning fastän man inte är det.

Socialt utanförskap och depression kan få en att tro att människor vill en illa, att andra människor kanske hatar en och spottar mot en och att det pratas skit bakom ryggen.

Jag har en avvikande sexuell läggning, gillar samma kön.

Detta är fortfarande ett sorts stigma i samhället.

Många människor tycker det är
onormalt, avvikande och äckligt med
homosexuella.

Det är många homosexuella som blir
trakasserade, bespottade och hotade i
dagens samhälle. Jag har själv pratat
med personer som varit med om detta.

Det var ännu värre för ett decennium
sedan men fortfarande finns det
avståndstagande, avsky, oförstående
och motstånd mot oss som är
annorlunda i det här hänseendet.

Många homosexuella drabbas av psykisk
ohälsa.

Detta beror tror jag på att man kan
känna sig annorlunda på fel sätt när

man har en sexualitet som skiljer sig
från normen i samhället.

Att man lättare får för sig att andra
tycker illa om en för att man läser, ser
och hör så mycket om andra
homosexuella som drabbas av otrevliga
eller rentav otäcka händelser på grund
av sin sexualitet.

Jag är därför lite rädd för att söka mig till
gemenskap med andra i samma
situation.

Det ska man inte behöva känna.

Alla människor i samhället förtjänar få
känna sig trygga.

Det bästa vore om alla människor hade
någon som älskade en, brydde sig om
en.

Helst flera, ett helt nätverk.

Det bästa vore om ingen människa var
ensam.

Det bästa vore om alla människor blev
accepterade för den de är, vad de än gör
och hur de än lever så länge de inte
skadar någon på något sätt.

Människor stör sig på allt möjligt.

En del människor stör sig på att andra
människor är avvikande eller lever ett
annorlunda liv än de själva gör.

Ska det vara så?

Nej, det tycker inte jag!

Synd att det inte går att förändra
samhället eller hur det är i världen på
egen hand.

Speciellt är det synd att det är svårt för
en individ att göra skillnad i det stora
hela vad det än gäller.

Ensam är inte stark.

Ensamhet föder psykisk ohälsa.

Ensamhet förstör även våra kroppar.

Ensamhet är rentav dödligt visar
forskningen.

Du är den jag älskar

Du är den som finns

Jag vill att Du följer mig

Ända till livets ände

Jag älskar dig

Mer än någon annan

Bli min!

Livet är en historia

Utan att kunna förutsäga nästa kapitel

Utan en given handling

Utan ett givet slut

Allt kan hända under livets gång

Något kan abrupt förändra det

Något kan göra det mycket bättre

För Dig!

Godheten finns där!

Ibland är det svårt känna.

Många är godhjärtade.

Men ibland känns allt kanske svart.

Vem är god?

Du eller jag?

Vem kan avgöra vem som är god?

Är alla goda människor hela livet?

Knappast!

Lidande är jobbigt

Ett mörker

Ofta ser man inget ljus

Verkar inte finnas en lättnad

Ibland finns inget slut

Man kan bara hoppas

Det blir bra till sist

Hur länge ska jag behöva vänta

På att livet ska vända

Det är så mörkt

Det finns inget ljus

Jag är i mitten av en svart tunnel

Den är böjd

Inget ljus kommer dit där jag står

Jag kommer inte vidare

Jag är fjättrad

Att gå i naturen

Ut i skogen

På ängarna

Ut på myrarna

Ro en båt på en stilla sjö

Fiska en liten fisk

Grilla något gott på elden

Plocka en svamp

Få tag i ett bär

Resa vidgar sinnena.

Eller gör resor Dig avtrubbad?

Blir Du blasé på världens under?

Vad är bättre?

Människor eller underverk?

Mänskliga verk eller naturens under?

Vad är att resa?

Vill Du?

Kom igen!

Kom nu!

Varför vill du inte?

Jag vill!

Hur länge ska jag behöva tjata!

Du ska få!

Du ska göra!

Vad är problemet?

Sluta!

Jag är människa.

Är Du?

Klart att jag är människa!

Men är Du god?

Jag är inte god, jag är människa.

Vad är en människa?

Det är ett intelligent djur.

Skapat genom tusenårig evolution.

Ingen människa är fulländad!

Du är ond!

Du är som en djävul!

Varför har du gjort detta mot mig?

Du är inte frisk!

Jag är frisk!

Vad menar Du med det? Du sårar mig!

Du är sjuk! Du är värdelös!

Ta dig i dalen och lämna mig ifred!

Varför kan Du inte?

Varför klarar Du ingenting?

Vill Du inte?

Varför då?

Jag vill inte höra på Dig!

Du är min vän och sårar mig!

Jag vill inte vara Din vän, jag är falsk!

Då kan Du vara! Du betyder inget för
mig längre!

Du ljög för mig!

Du din äckliga djävul!

Varför?

Jag litade på Dig!

Men nu vet jag!

Vår vänskap var inget!

Du är inte min kärlek längre!

För mig är Du inte viktig längre!

Låt Dig bli bättre!

Tror Du på Gud?

Jag tror på Gud!

Är Du sann?

Jag tror!

Jag har övertygelse!

Syndar Du?

Ibland.

Vem rättfärdigar din makt?

Gud!

Vem är Gud?

Han i himmelen!

Har Du varit där?

Nej!

När talade Du med honom sist?

Jag vet inte.

Farten är en berusning!

Rusar framåt!

Allt är suddigt!

Allt skakar!

Det tjuter!

Något går sönder!

Jag flyger!

In i skogen!

Mot döden!

Jag skulle ju bara...

Men vad menar du?

Jag trodde...

Varför då?

Du sa ju!

Gjorde jag inte!

Men jag trodde!

Tro inte på mig mer!

Varför?

Att resa kan vara underbart.

En resa har oftast ett slut.

Livet sägs ha ett slut.

Men ingen vet säkert.

Finns Gud?

Finns en himmel?

Kommer jag dit?

Jag vill leva

Länge

Med dig

Hitta glädjen

Uthärda sorgen

Skapa ett liv

Bättre än det vi haft